Das Arabische Alphabet

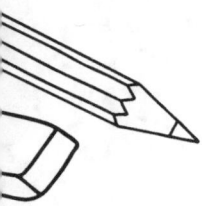

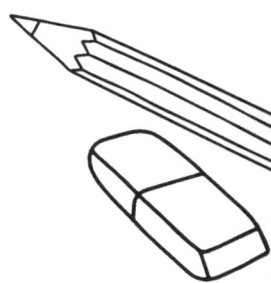

Dieses Notizbuch gehört

....

Alle Rechte vorbehalten. Kein Teil dieser Publikation darf ohne vorherige schriftliche Genehmigung des Herausgebers und Vertreibers in irgendeiner Form oder mit irgendwelchen Mitteln, Fotokopien, Aufzeichnungen oder anderen elektronischen Mitteln reproduziert, verteilt oder übertragen werden. Einige der in diesem Buch modifizierten und zur Illustration verwendeten Ressourcen stammen von freepik.com.

Briefe schreiben lernen

Dieses Buch soll Ihnen helfen zu lernen, wie man Linien und kalligrafische Formen in der arabischen Sprache zeichnet. Die Wiederholung der Übung fördert die Genauigkeit und hilft Ihnen, sich die Formen der Buchstaben des arabischen Alphabets visuell einzuprägen. Dies wird Sie weiter darauf vorbereiten, Arabisch schneller lesen und schreiben zu lernen. Einige Buchstaben ändern sich je nach Kontext und Position im Wort, aber dieses Buch konzentriert sich nur auf das Schreiben des Grundalphabets, was es ideal für Anfänger macht.

Jeder Schriftseite ist eine Illustration vorangestellt, damit das Lernen Spaß macht und unterhaltsam ist. Wir hoffen, dass Ihnen dieses Buch gefällt, wenn Sie etwas Zeit für diese Aktivität aufwenden.

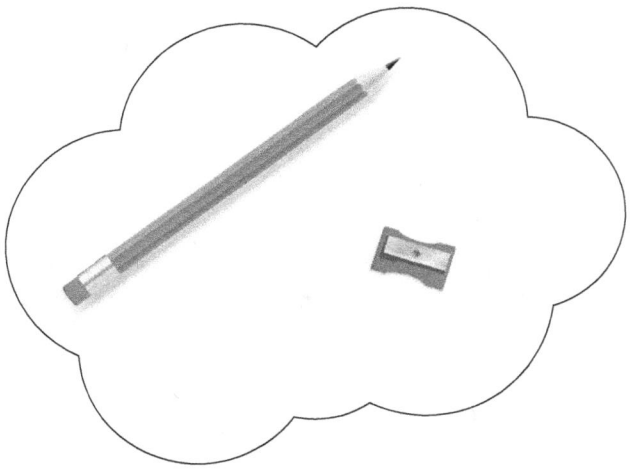

Ihre Meinung zählt für uns, zögern Sie nicht, uns einen Kommentar auf der Amazon-Website zu hinterlassen.

Das Arabische Alphabet

Auch Abjad-Arabisch genannt, wird es von rechts nach links in kursivem Stil geschrieben und besteht aus 28 Buchstaben. Die meisten Buchstaben ändern ihre kalligrafische Form je nach Kontext, aber dieses Buch wird Ihnen helfen, sich nur auf das grundlegende Schreiben zu konzentrieren.

أ ب ت ث ج ح خ

د ذ ر ز س ش ص

ض ط ظ ع غ ف ق

ك ل م ن ه و ي

'Alif

أُ

أُمّ

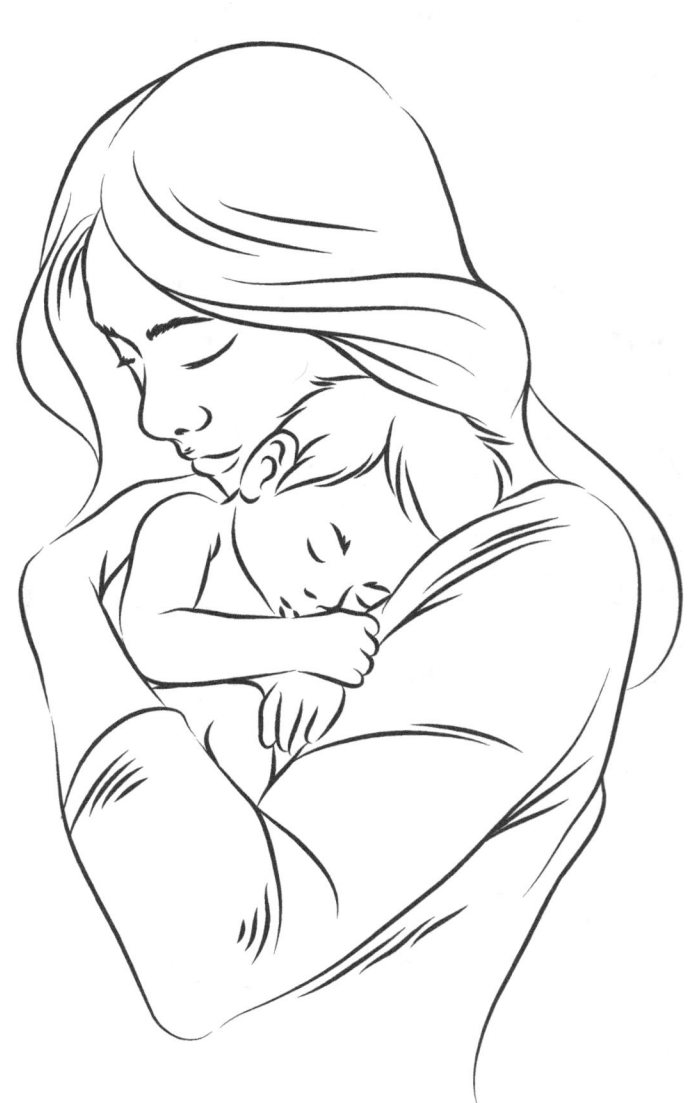

Bāʾ ب

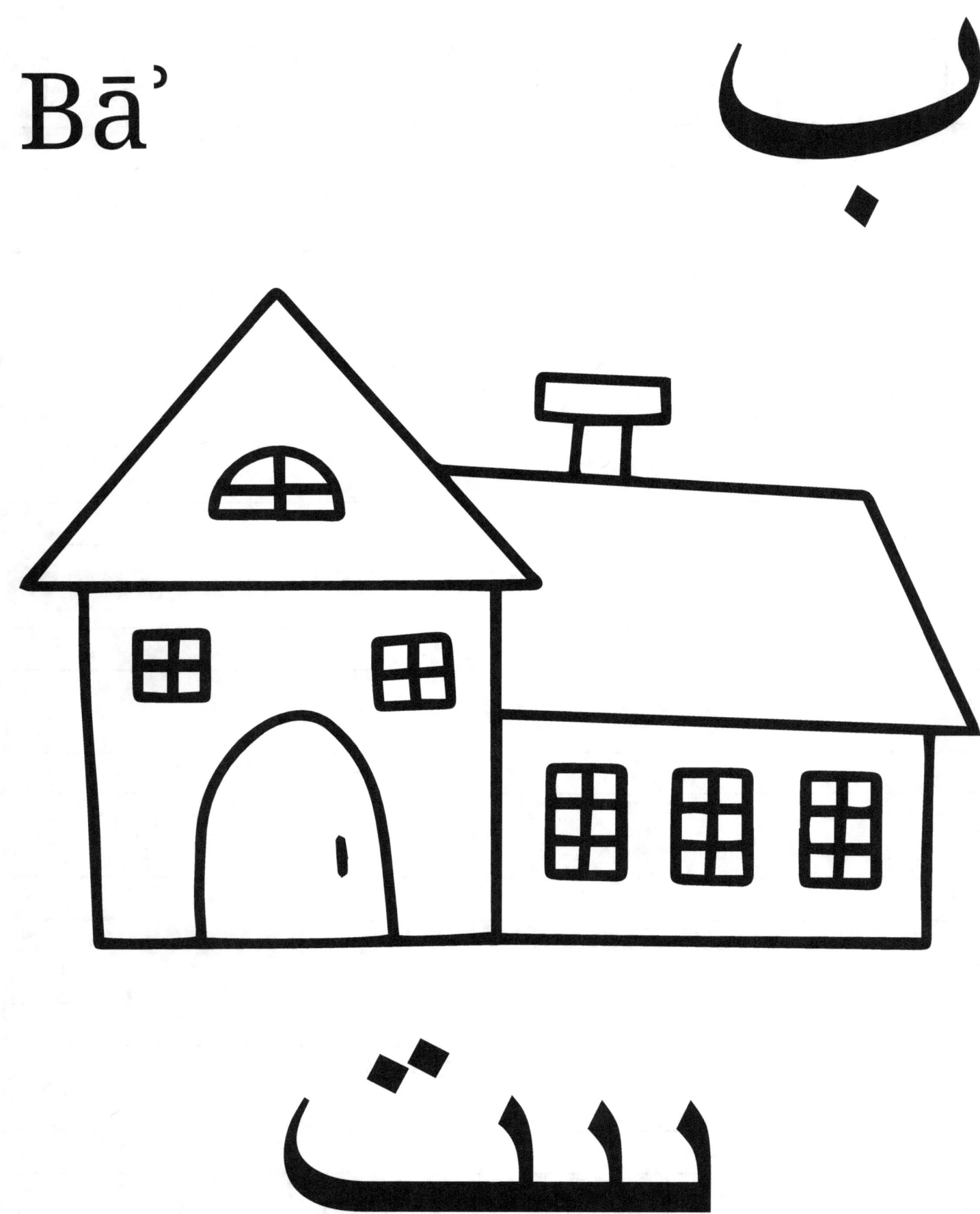

بيت

Tāʾ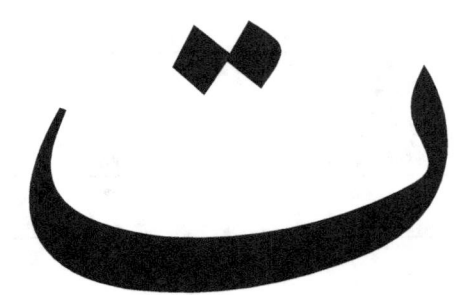

تمساح

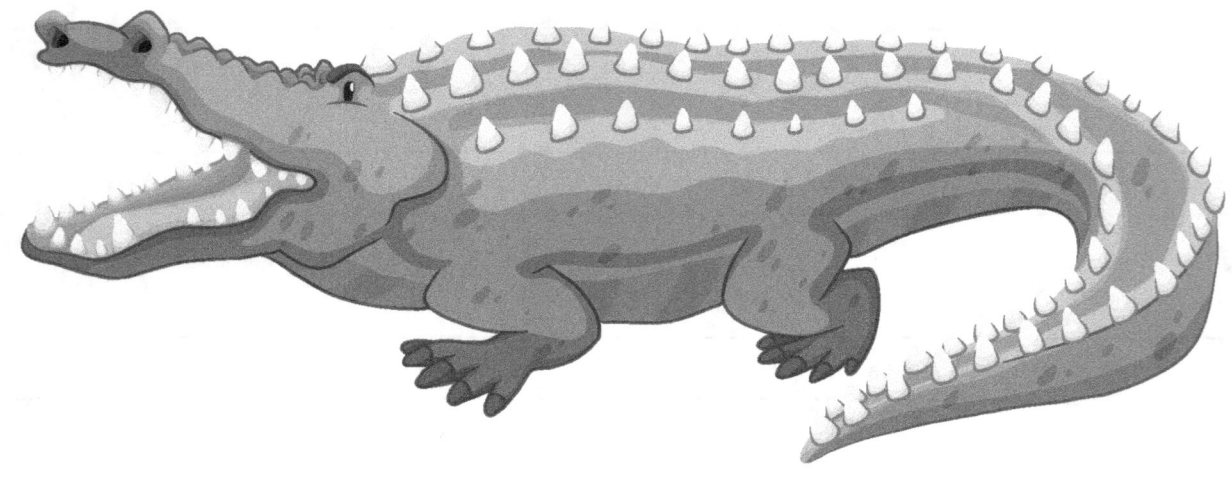

ت   ت   ت   ت   ت   ت   ت

ت   ت   ت   ت   ت   ت   ت

Ṯāʾ (thāʾ)

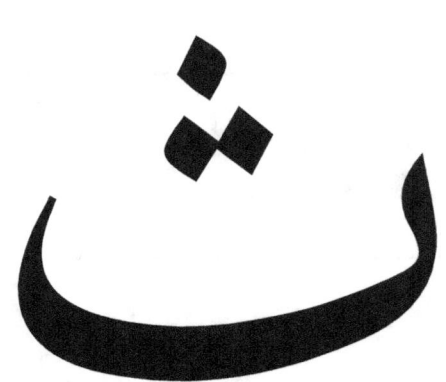

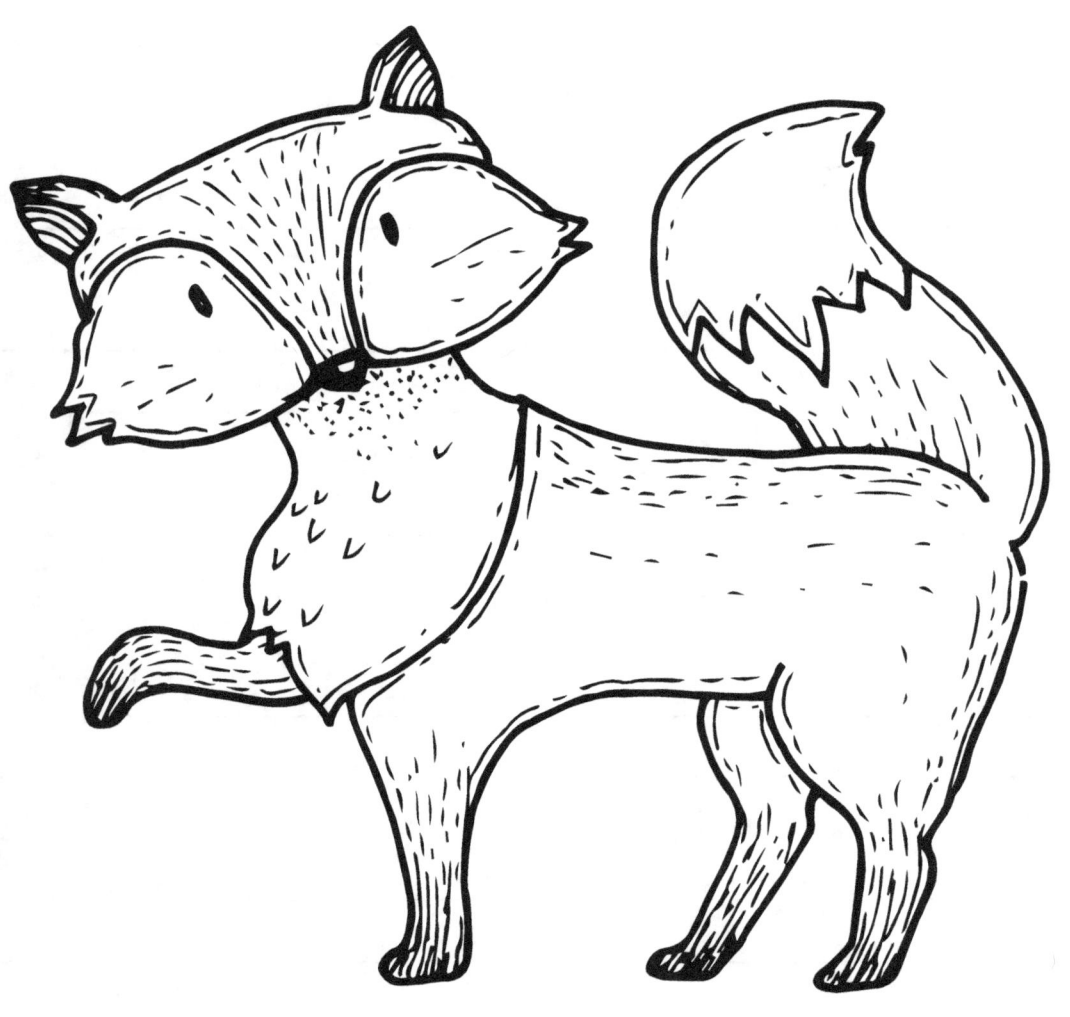

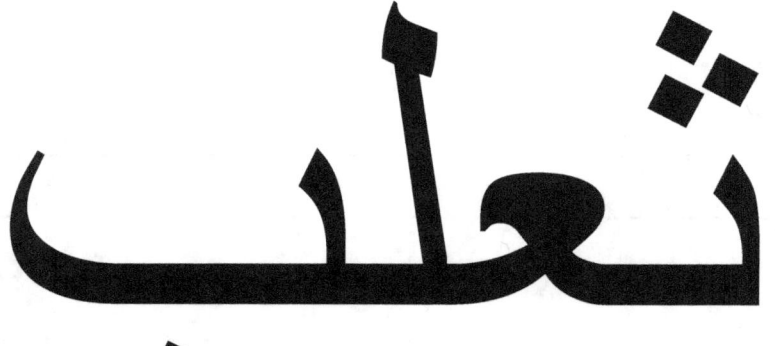

Ǧīm

ج

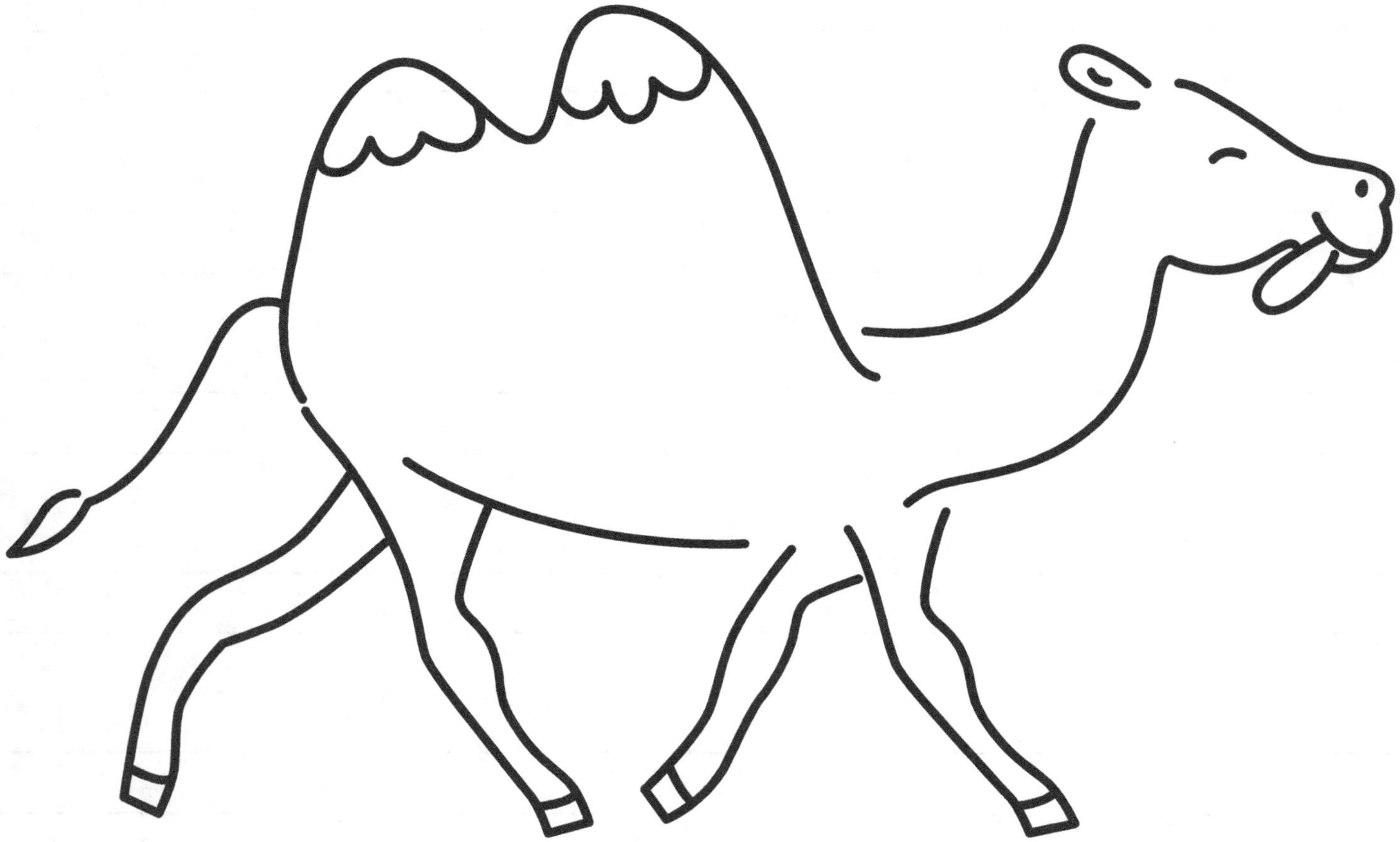

جمل

Ḥāʾ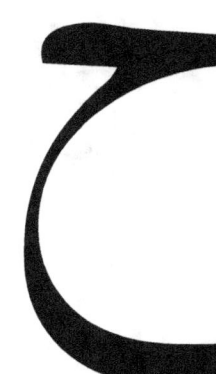

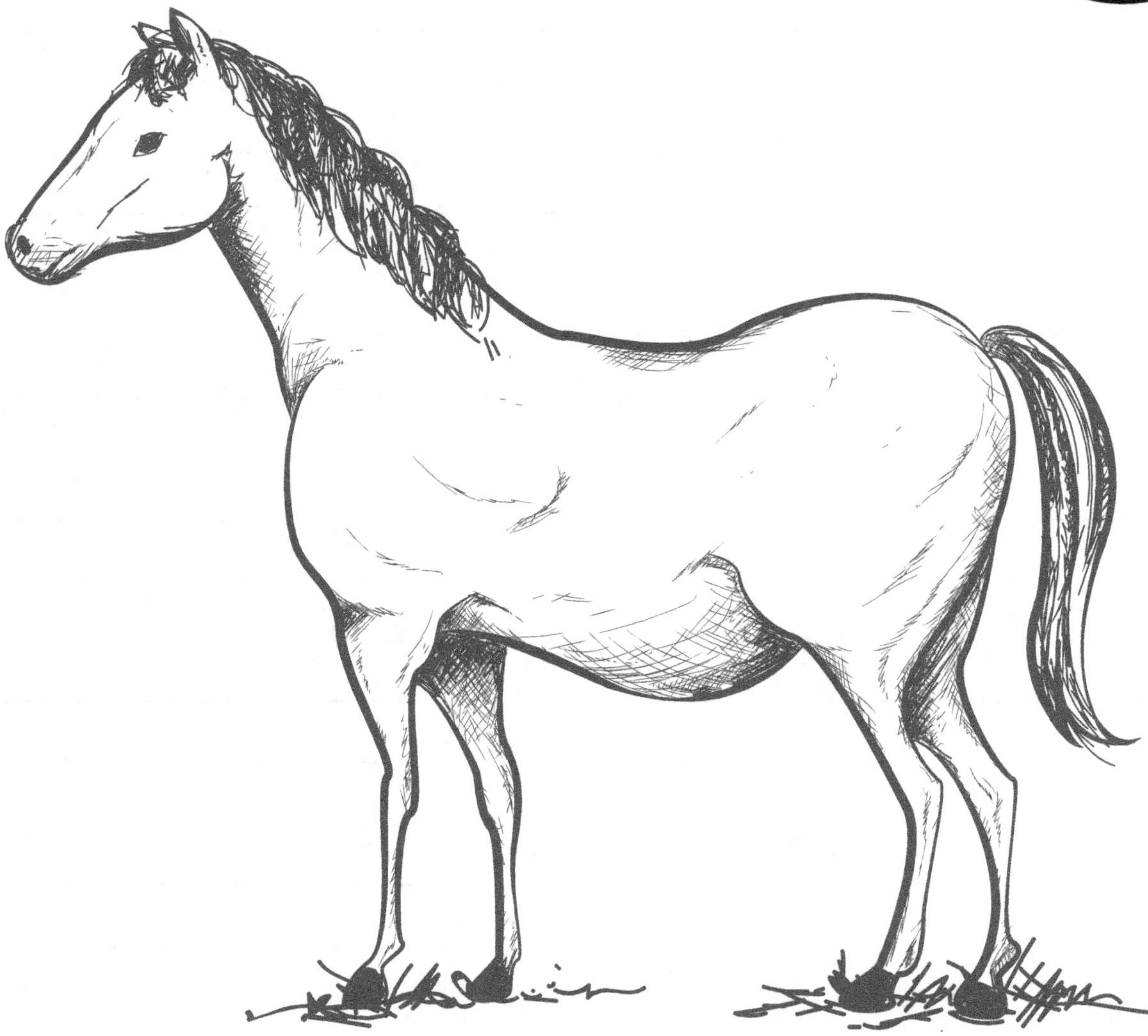

حصان

Ḫā'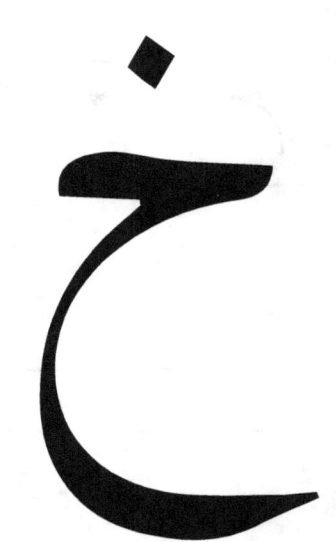

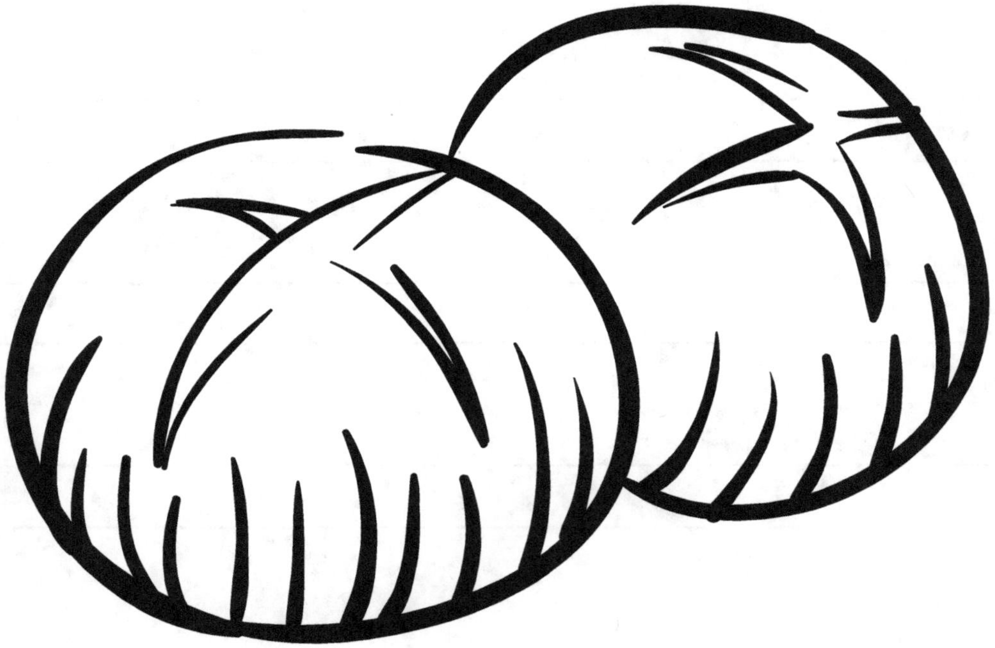

خُبْز

Dāl

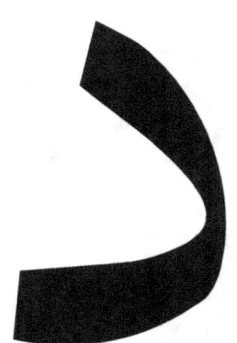

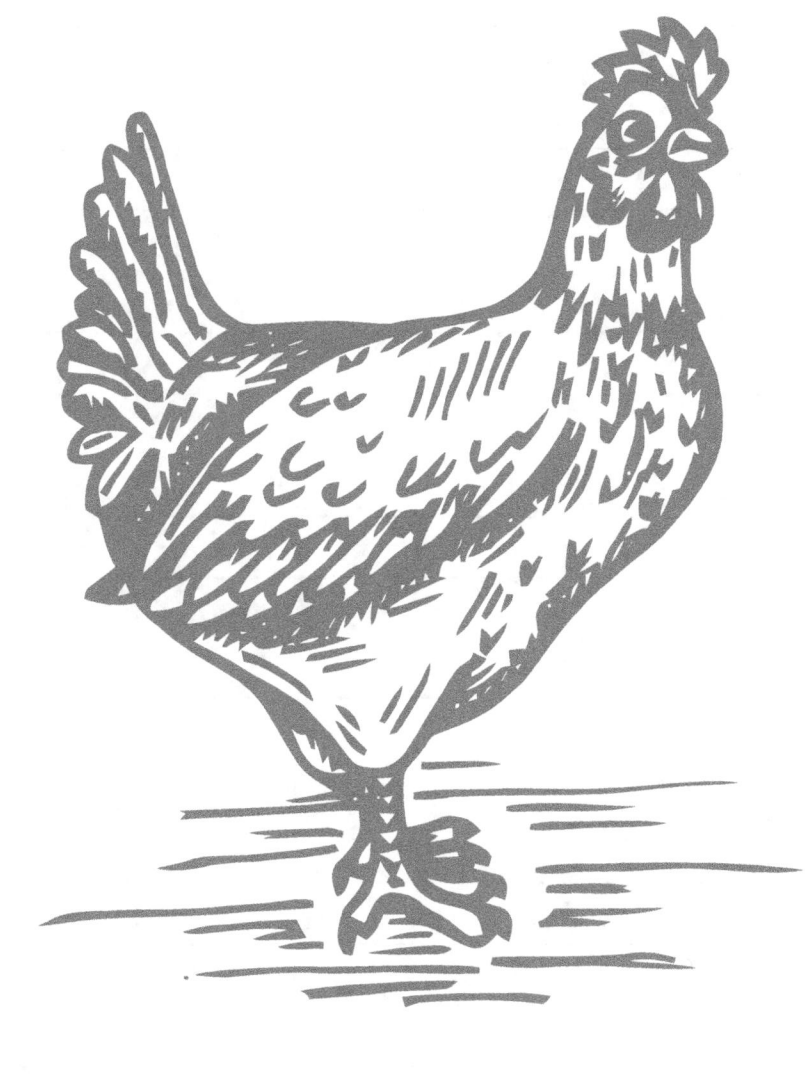

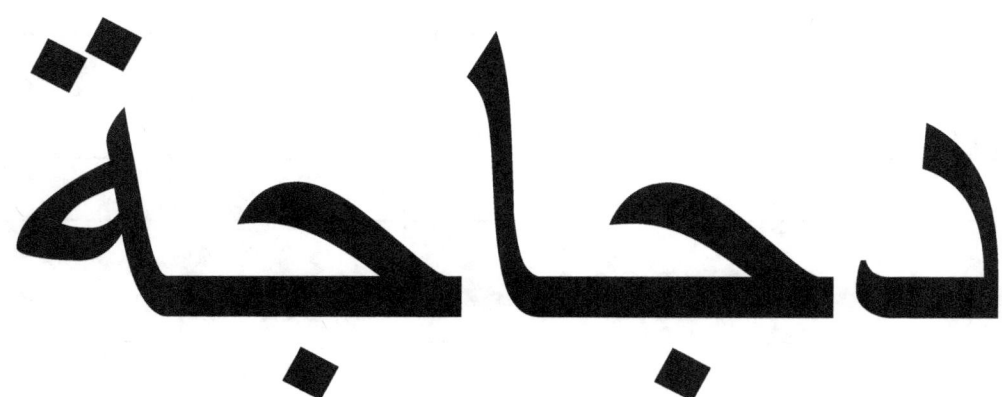

Ḏāl (dhāl)

ذ

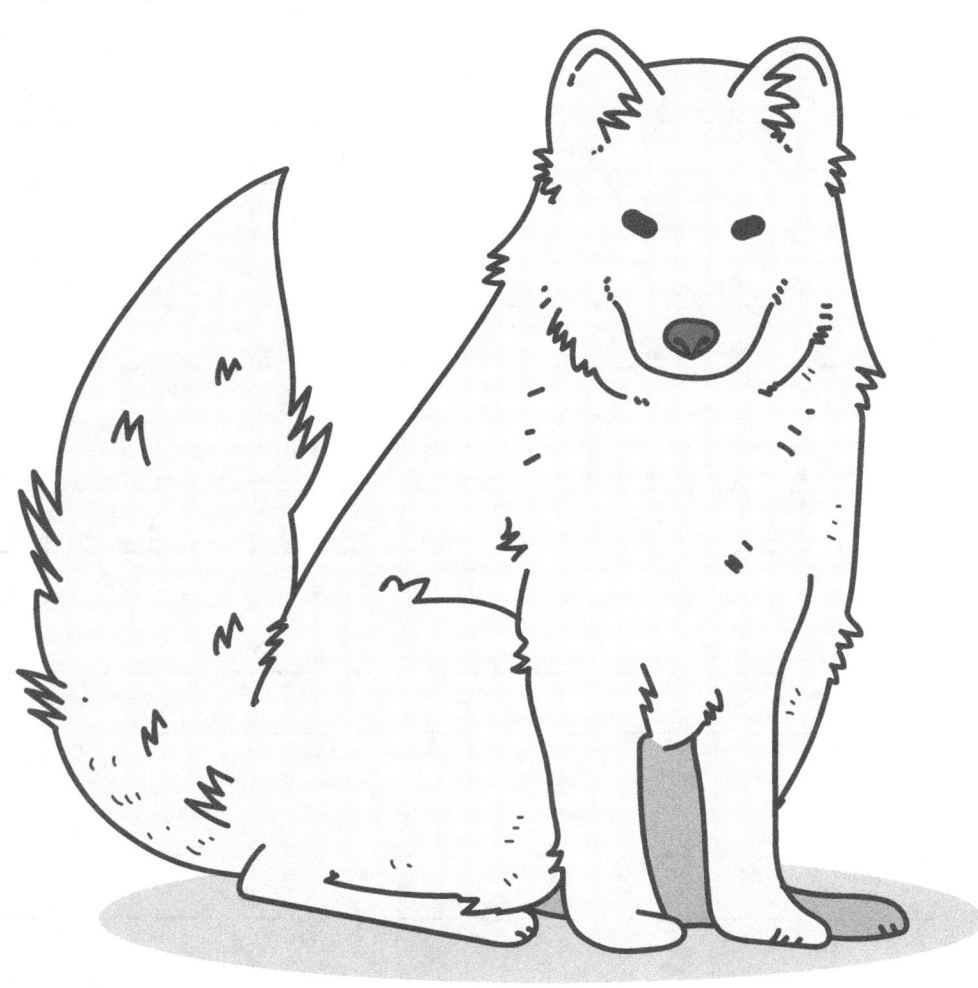

ذِئْب

Rāʾ

ر

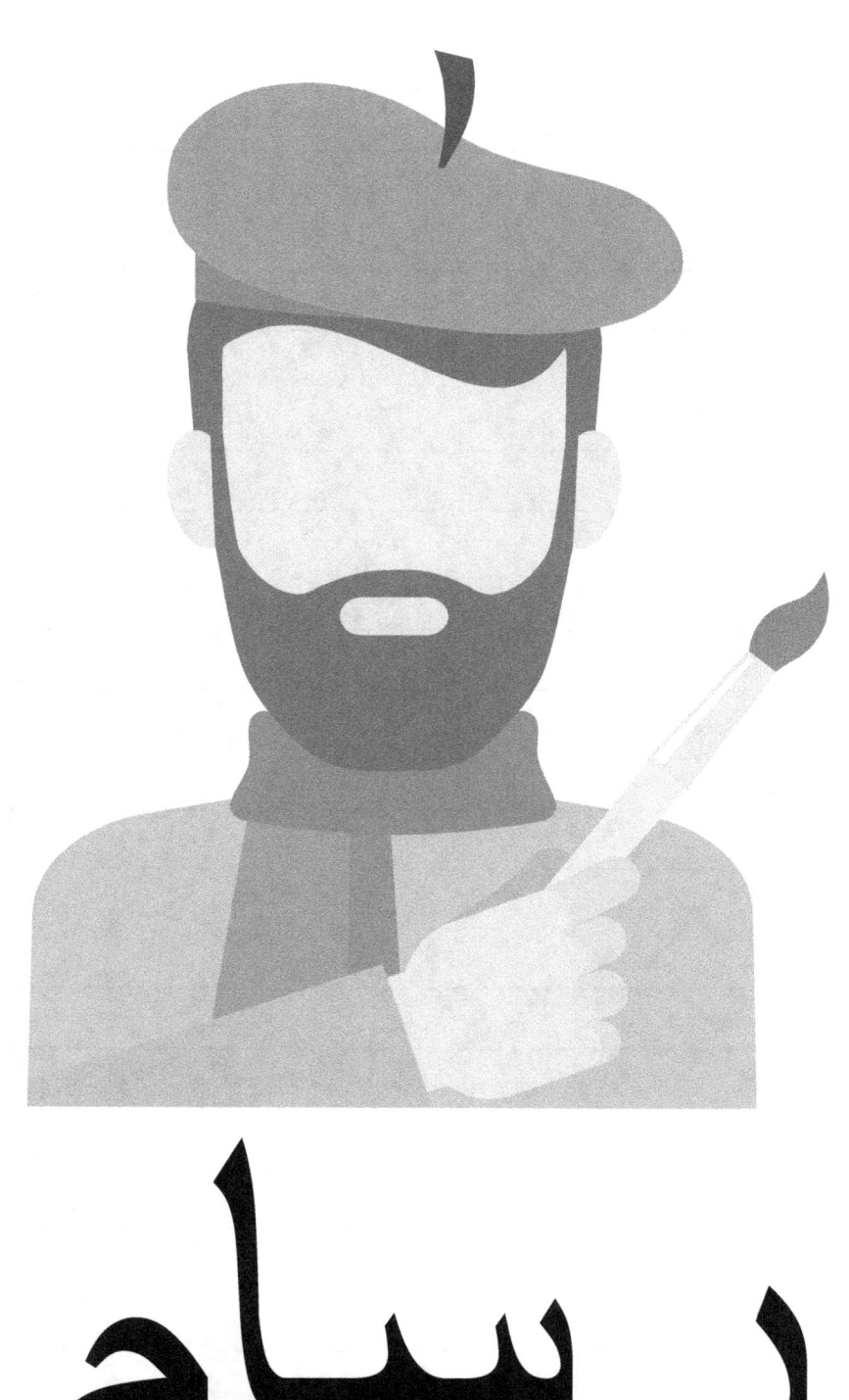

رسام

Zāy

ز

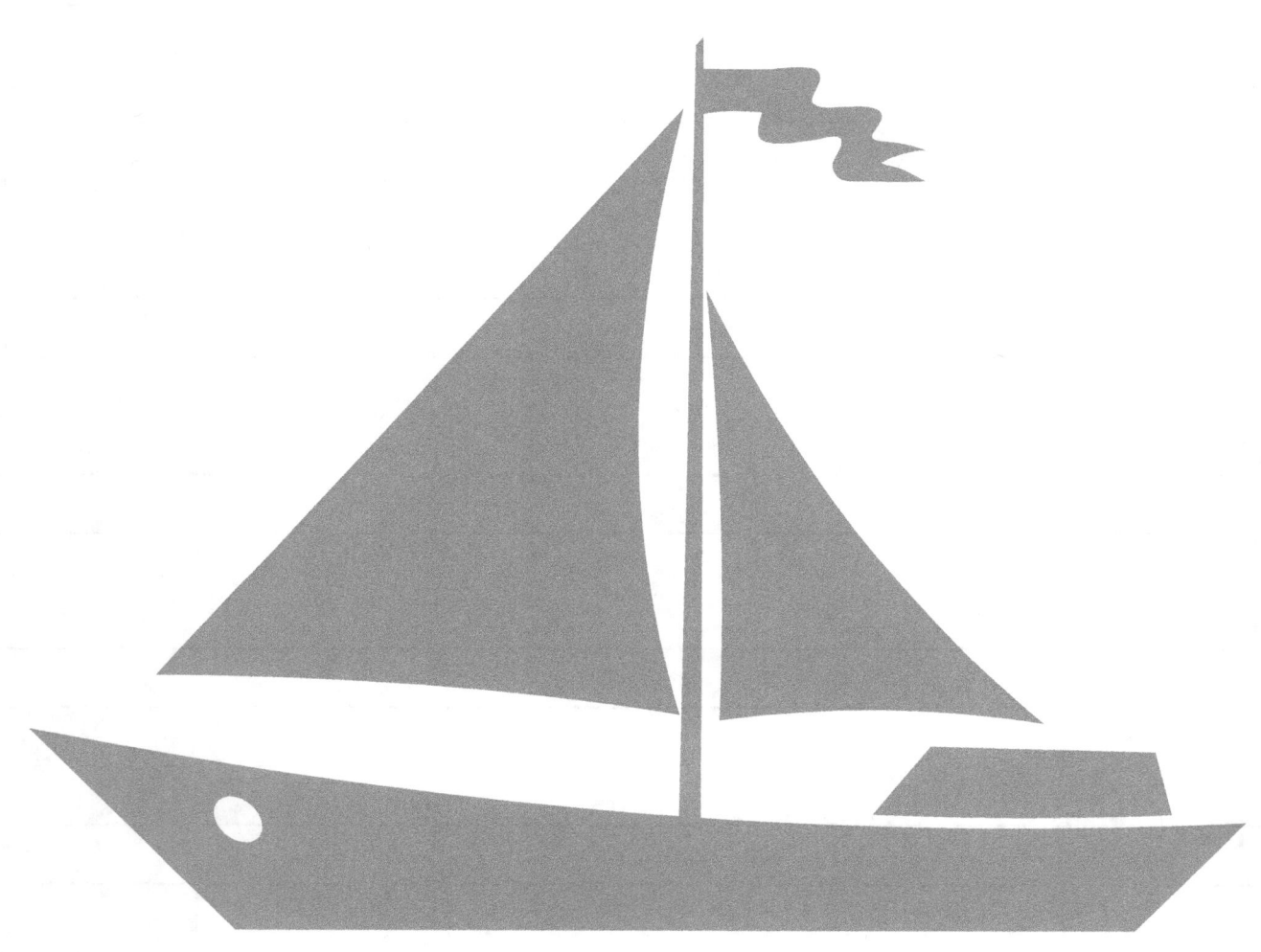

زورق

ز ز ز ز ز ز ز ز ز ز ز ز ز

ز ز ز ز ز ز ز ز ز ز ز ز ز

sīn

س

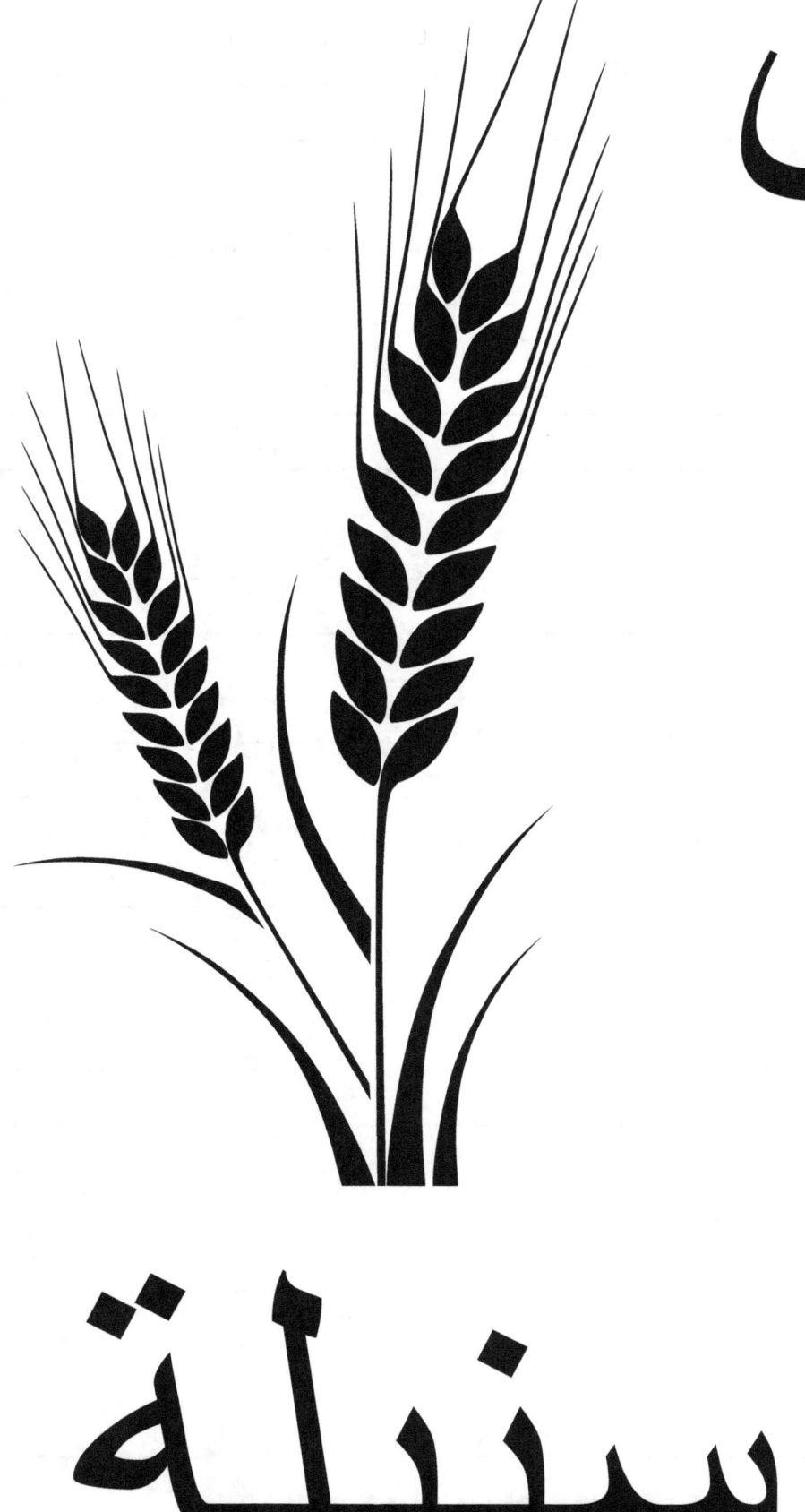

سنبلة

س س س س س س س س س

س س س س س س س س س

šīn š / (sh)

ش

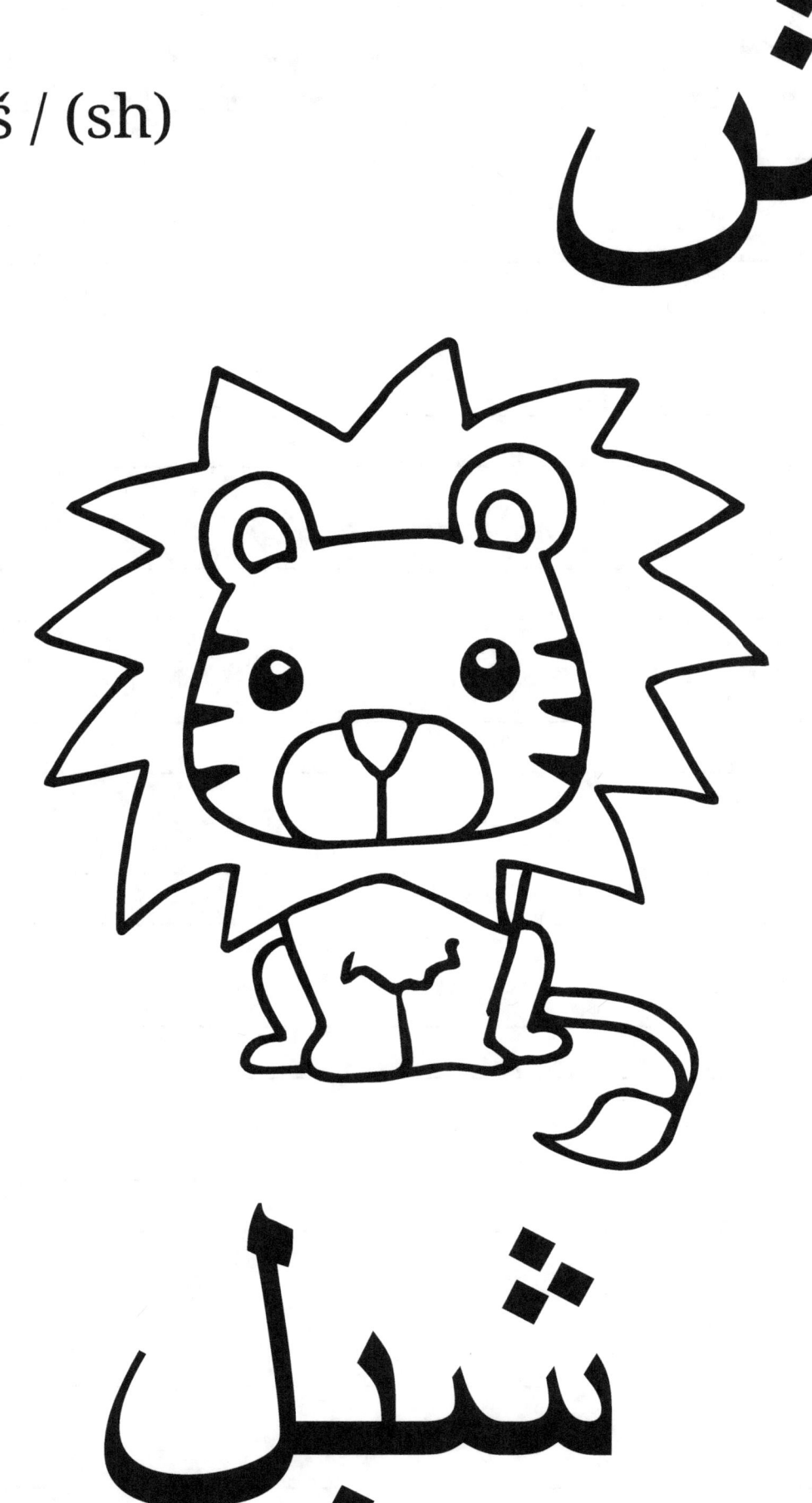

شبل

ṣād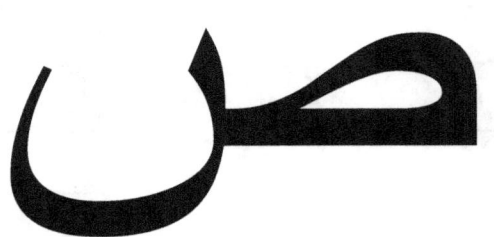

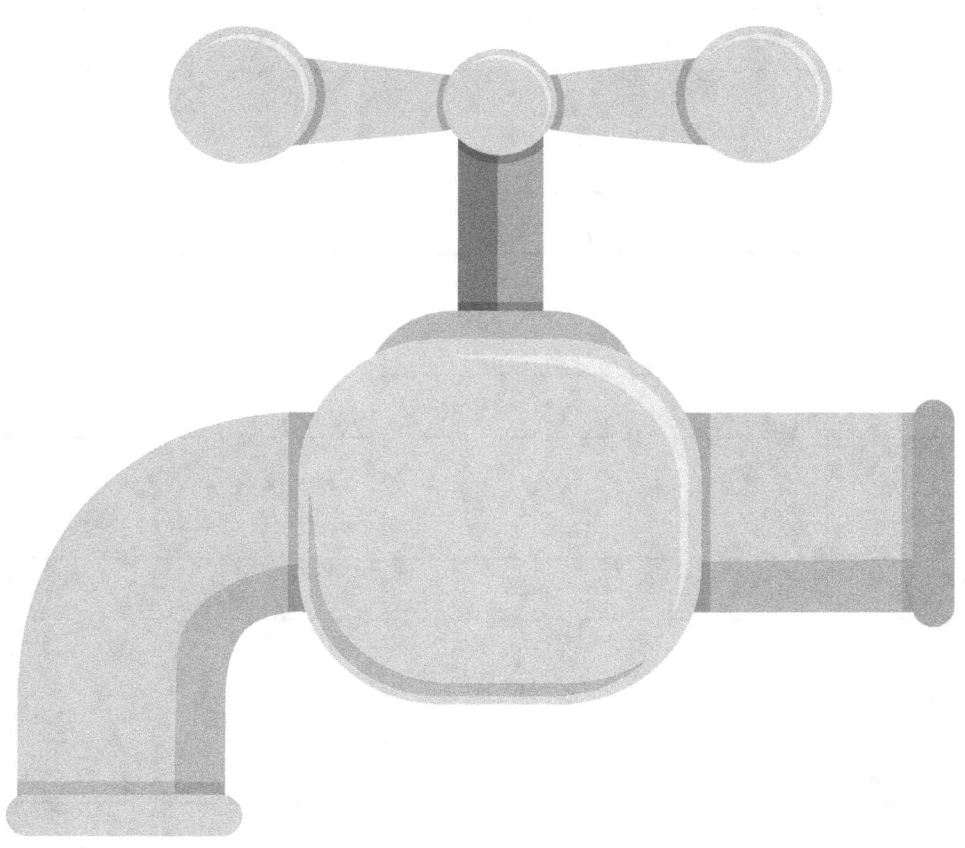

صنبور

ḍād ض

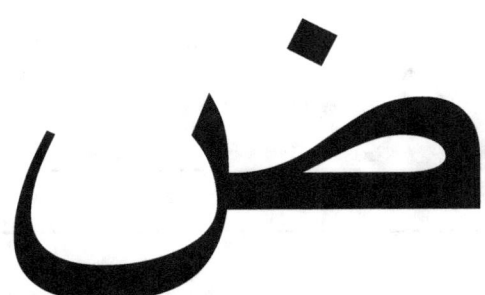

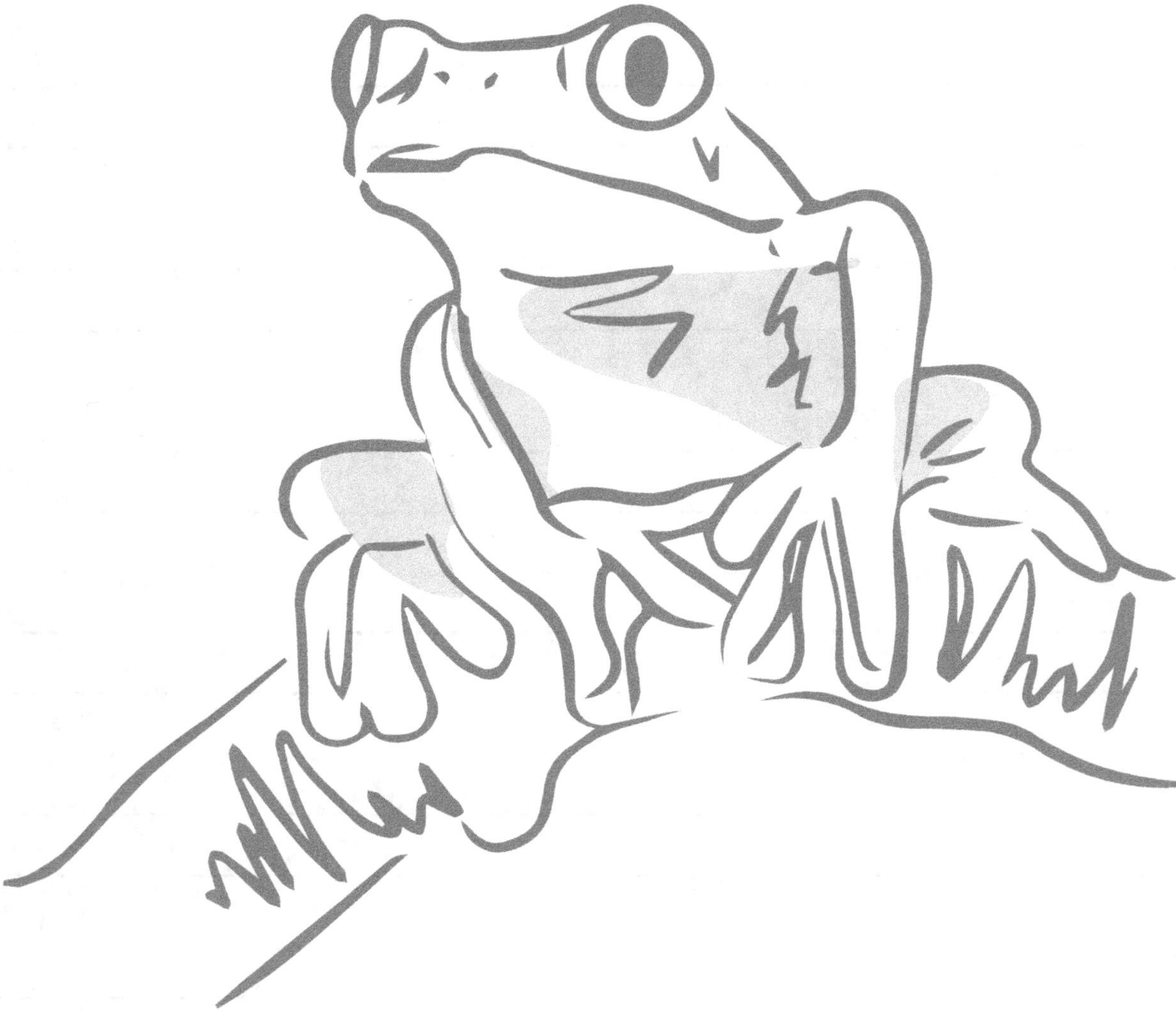

ضفدع

Ṭāʾ

ط

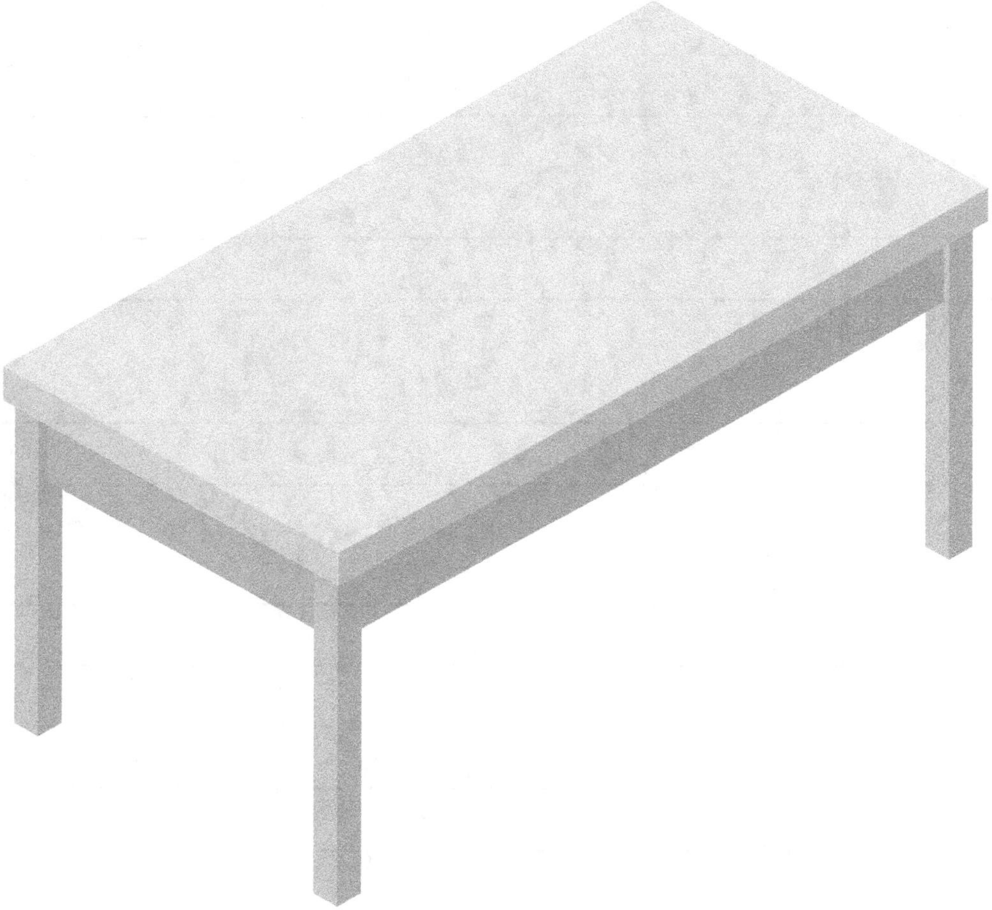

طاولة

ẓāʾ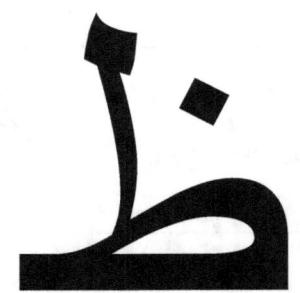

ظرف

'Ayn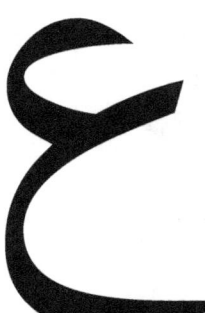

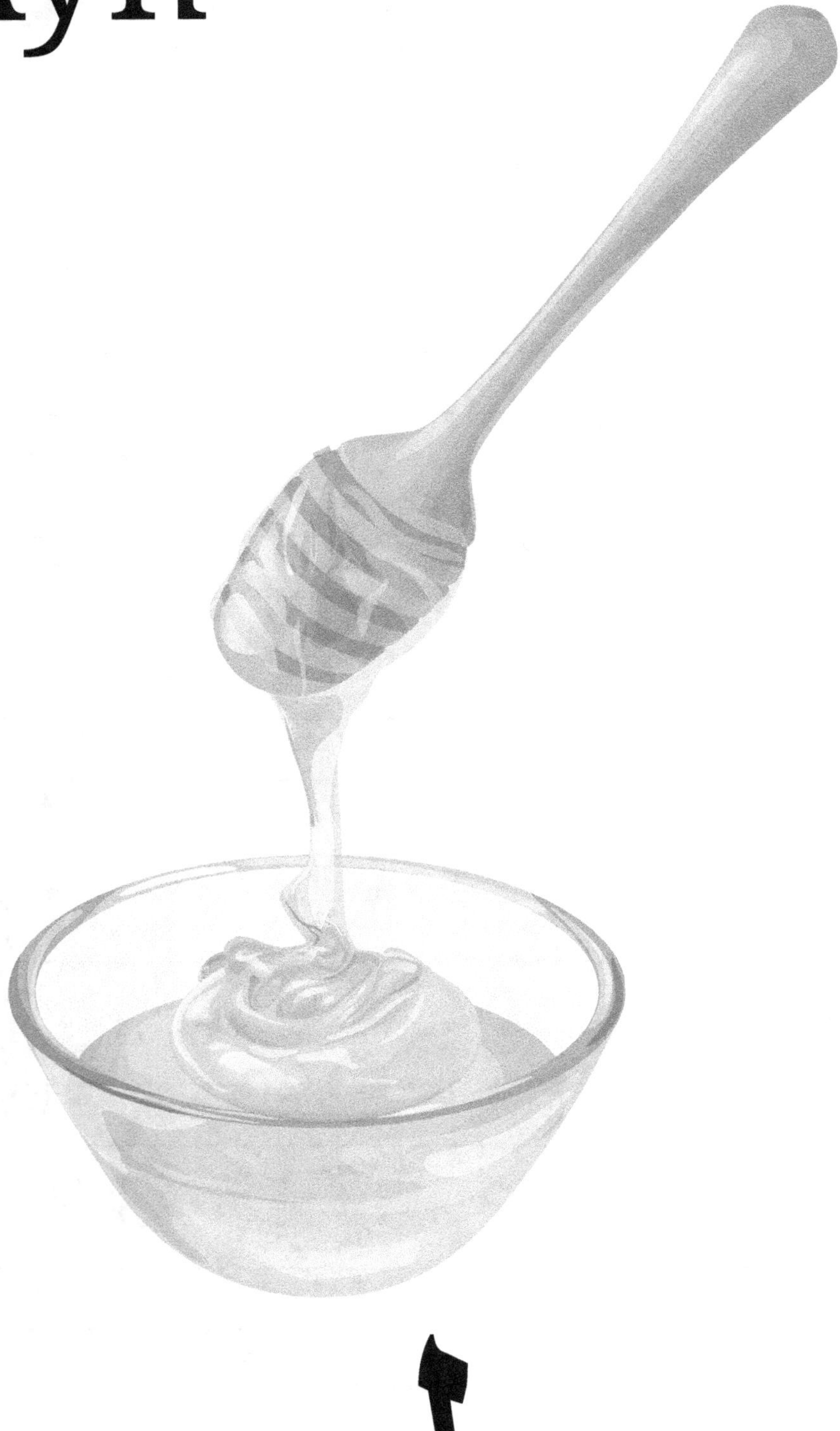

عسل

Ġayn ġ / (gh)

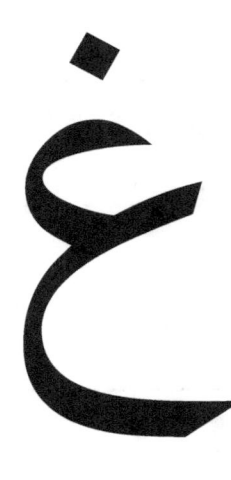

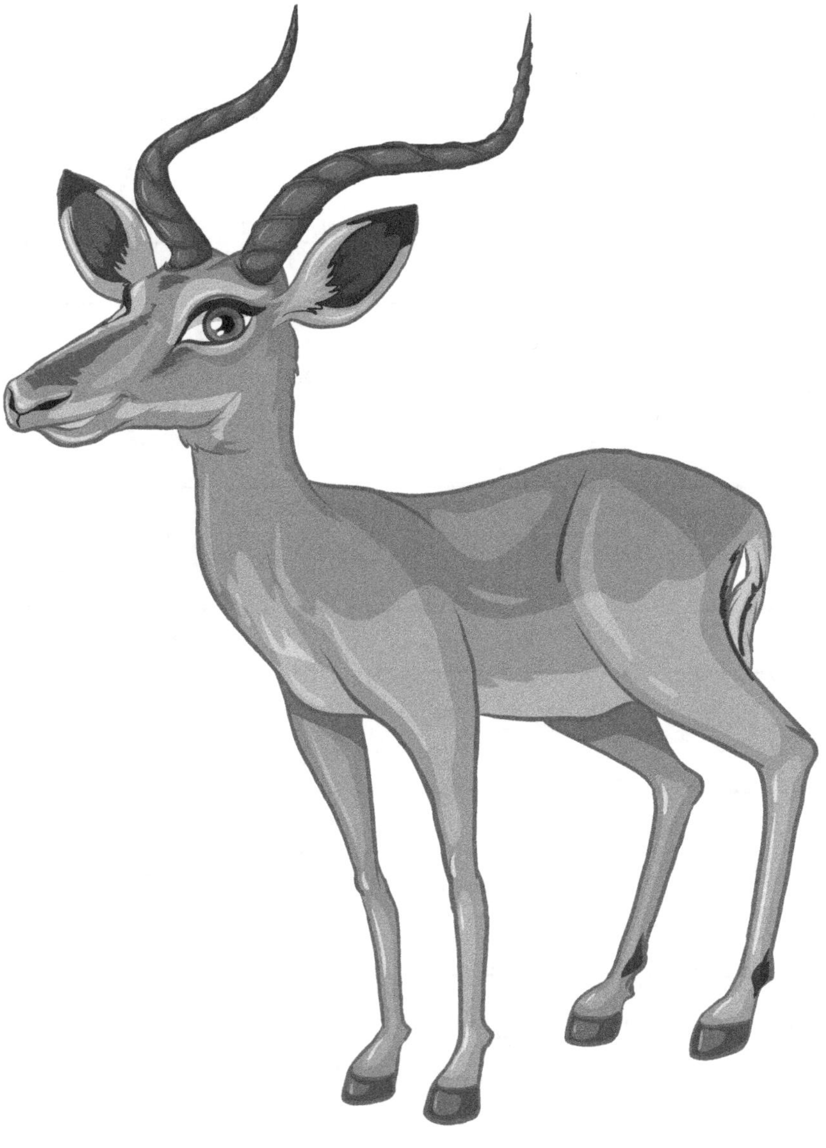

غَزالة

Fāʾ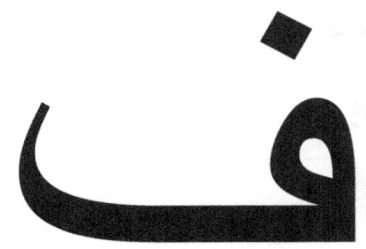

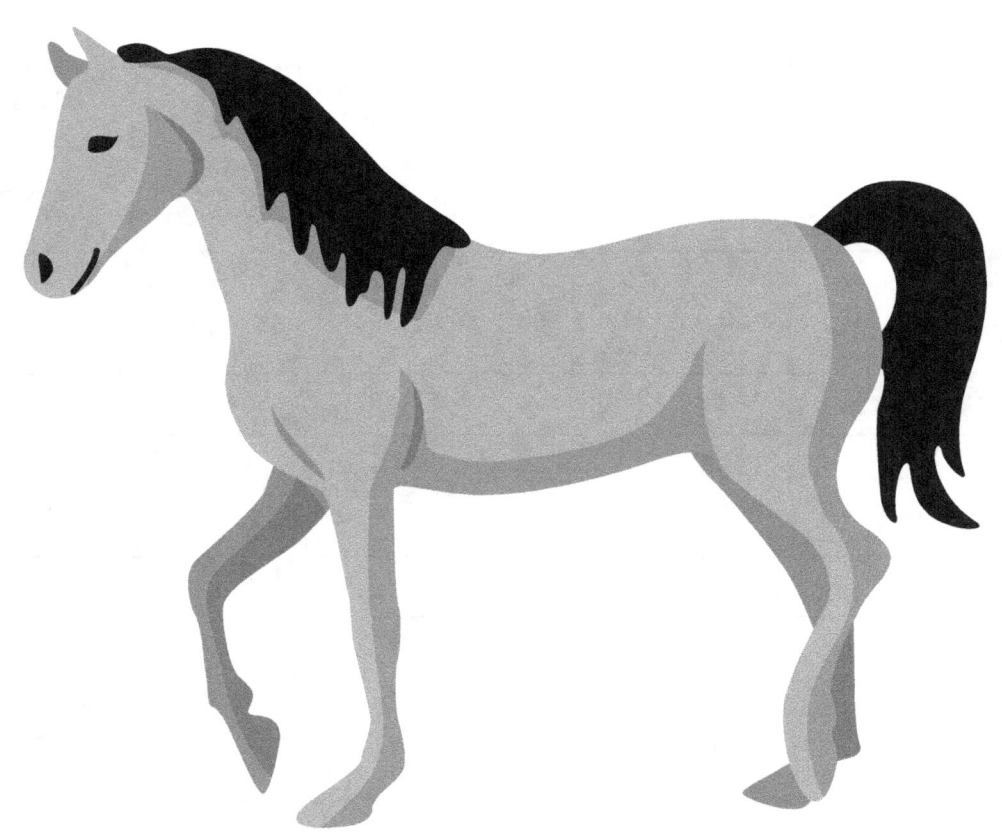

فرس

Qāf

ق

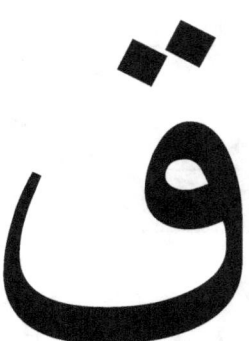

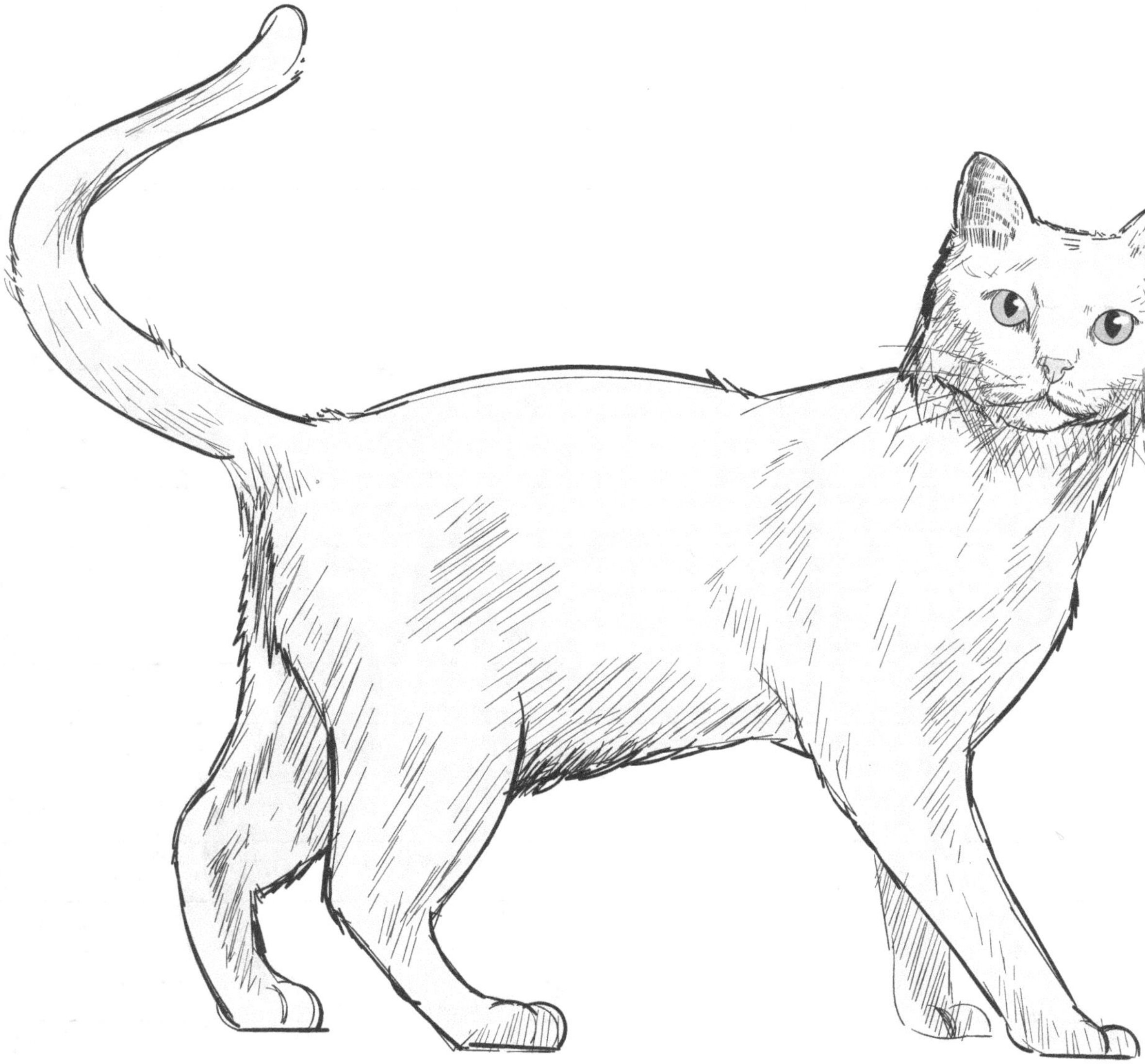

قِطْ

Kāf

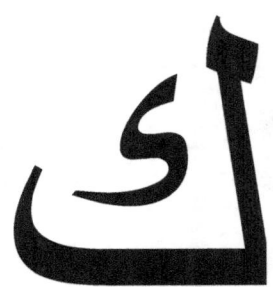

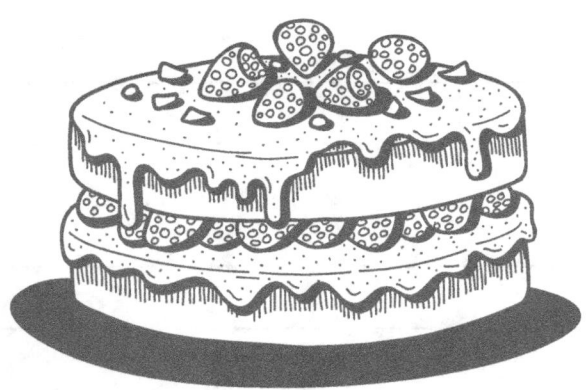

كعك

Lām

ل

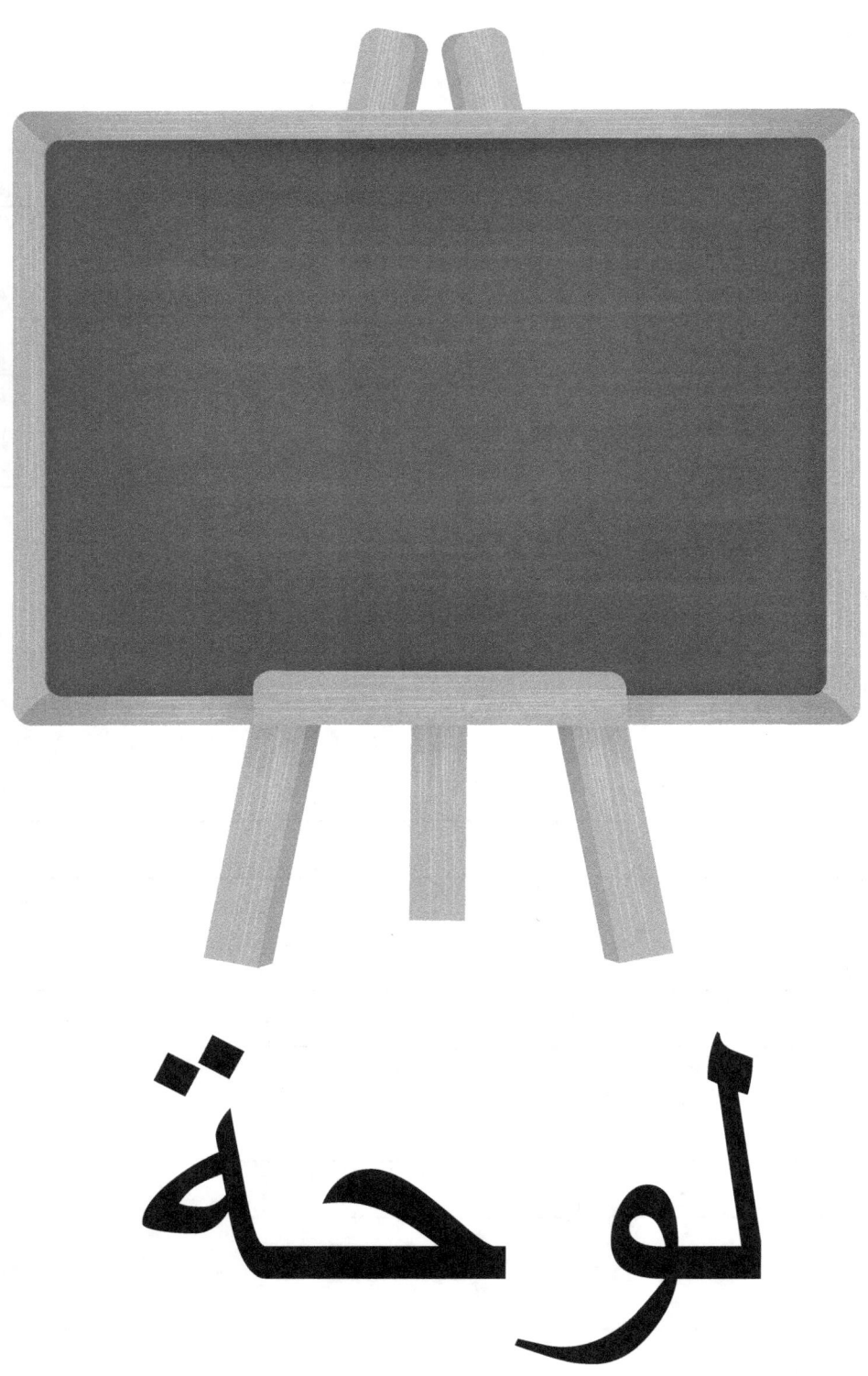

لَوْحَة

Mīm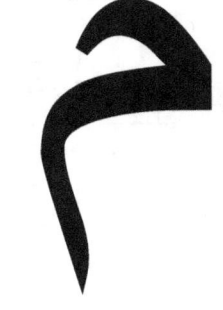

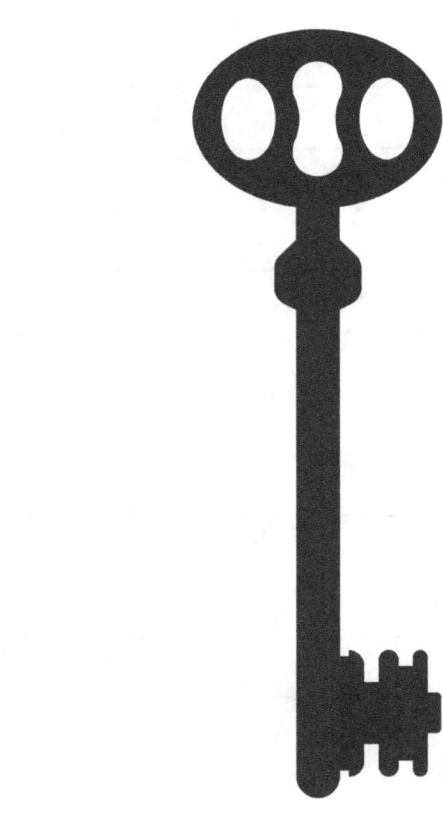

مفتاح

Nūn

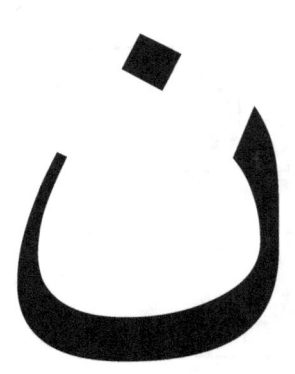

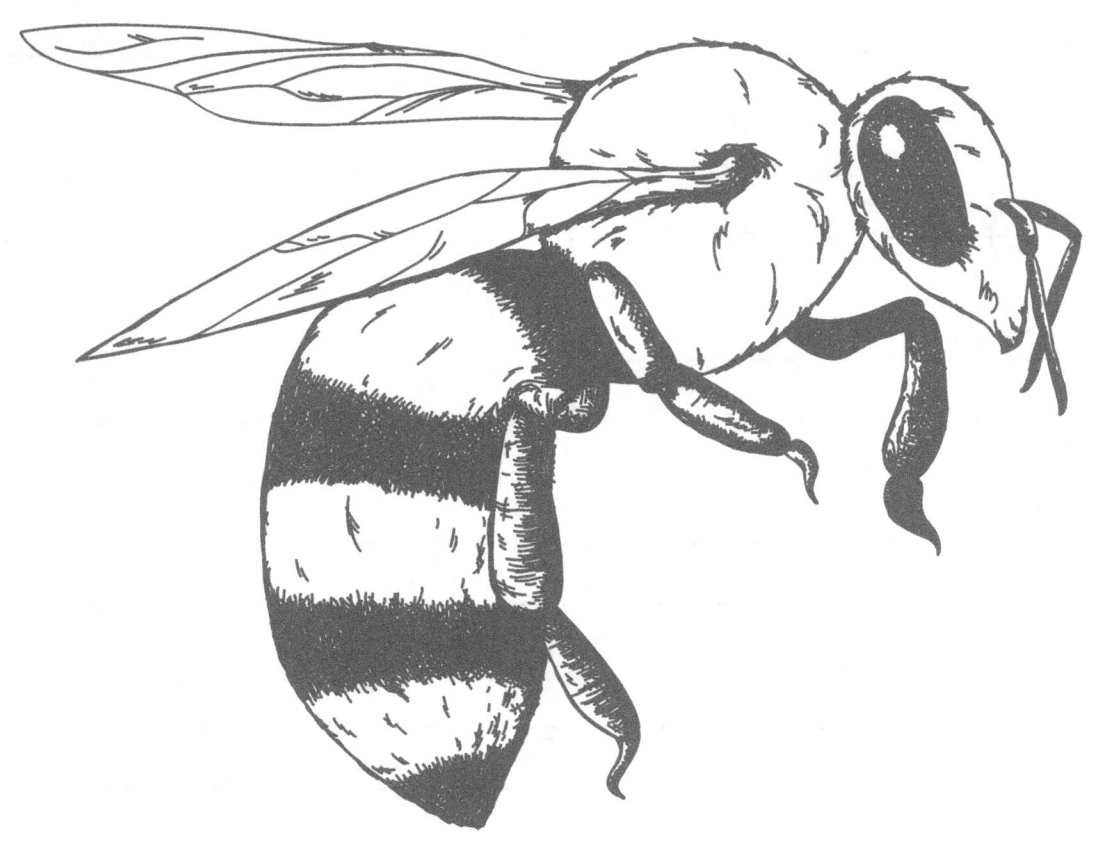

نَحْلة

Hā'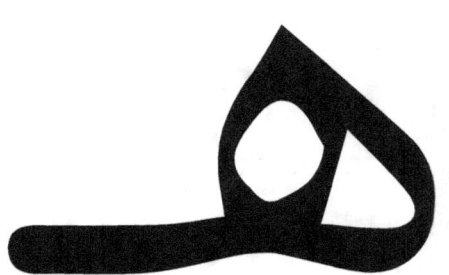

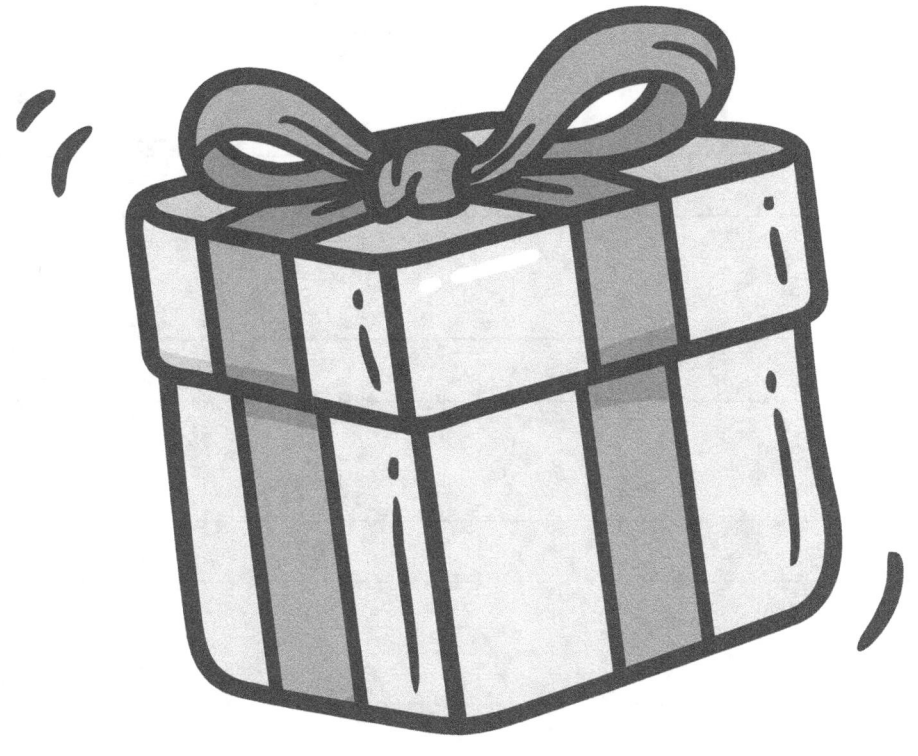

هدية

Wāw

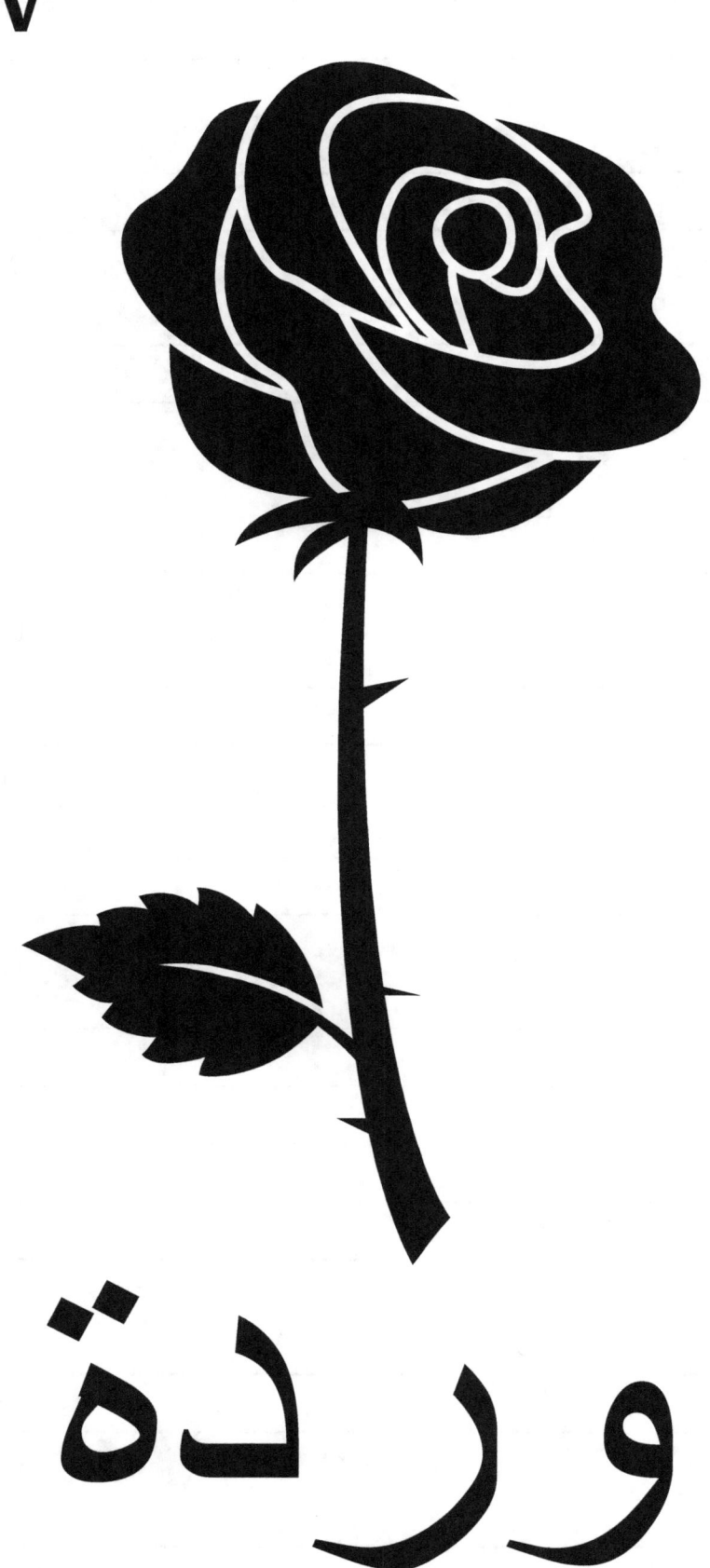

و

وردة

Yāʾ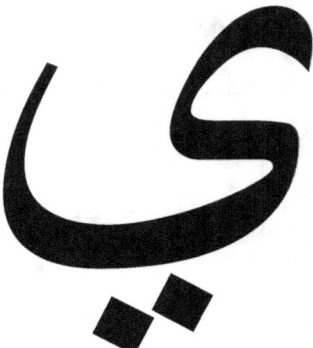

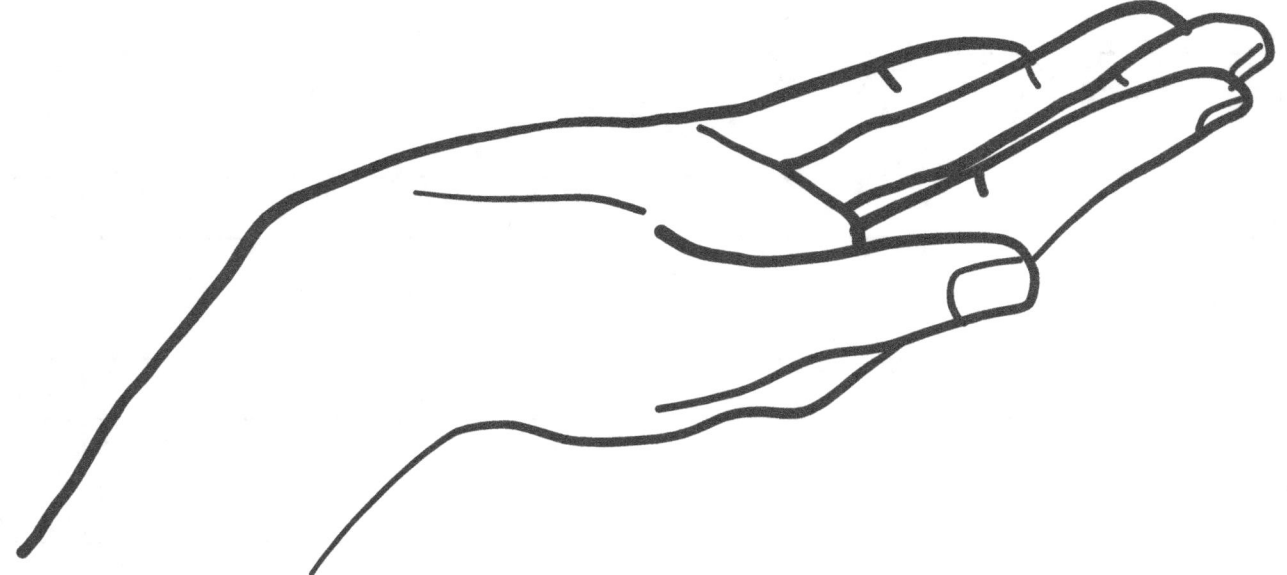

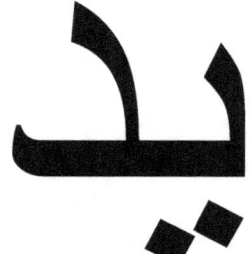

Leere Seiten für Training

www.ingramcontent.com/pod-product-compliance
Lightning Source LLC
Chambersburg PA
CBHW080941220526
45465CB00008BA/3118